W0347844

FUMÉE, POUSSIÈRE et POLLUTION

et TOi dans tout cela ?

Éditions du Dauphin
43/45 rue de la Tombe-Issoire
75014 PARIS
www.editionsdudauphin.com

Textes du Dr Stefano Montanari

Conception graphique : Simona Bassano di Tufillo
Illustrations et bandes dessinées, sauf page 52 : Simona Bassano di Tufillo

Remerciements
© Patrizia Ascione, pour l'illustration de la page 52

© Éditions du Dauphin - 2017

ISBN : 978-2-7163-1620-0

Tous droits réservés. Aucune partie de ce livre ne peut être reproduite ou transmise sous aucune forme ou par quelque moyen électronique ou mécanique que ce soit, par photocopie, enregistrement ou par quelque forme d'entreposage d'information ou de système de recouvrement, sans la permission écrite de l'éditeur.

Dr Stefano Montanari
Illustrations de
Simona Bassano di Tufillo

FUMÉE, POUSSIÈRE et POLLUTION

et TOi dans tout cela ?

DAUPHIN

QU'EST-IL ARRIVÉ À LA PLANÈTE TERRE ?

Sens dessus dessous et sale, elle empeste et crève de chaud à cause de l'effet de serre. Quelque chose doit changer, et vite, sinon même les glaciers des pôles auront bientôt fondu.

Un beau gâchis en perspective ! Toutes les villes, les champs cultivés, les forêts, les routes seront engloutis, et en admettant que nous réussissions à trouver refuge sur une haute montagne, nous n'aurons plus rien à manger. Aucun être humain, animal, insecte ou plante vivant en plaine ne survivra longtemps.
Au rythme où vont les choses, nous risquons en somme de disparaître à jamais de la surface du globe.

À qui la faute ? Aux gros éléphants si maladroits ? Non… Alors, aux ours polaires qui en ont assez d'avoir froid ? Sûrement pas. Aux plantes et aux arbres ? Pas du tout. Aux puissants volcans qui explosent de colère en projetant cendres et lapilli ? Non plus.

Qui a pollué l'air, l'eau et le sous-sol ? Qui a exploité la Terre au point de la rendre stérile ? Nous, les hommes, malheureusement ! Personne d'autre n'est coupable.

Une question se pose : l'homme a-t-il toujours été un pollueur depuis son apparition sur terre ? Quand avons-nous commencé à causer les ennuis qui mettent aujourd'hui en péril l'existence de toutes les espèces présentes sur notre magnifique planète ?

Pour comprendre les erreurs qui ont été commises et tenter d'y remédier, il convient de retracer l'histoire de l'homme depuis sa venue sur terre.

1

Qui est l'auteur de ce BEAU PÉTRIN ?

« L'homme est le seul animal
capable de rougir.
Ou qui a des raisons
de le faire. » *Mark Twain*

Nul ne sait précisément quand l'homme est apparu sur cette planète (il y a 1 à 2 millions d'années) et cette question est âprement débattue par les savants, mais l'Homo sapiens dont nous sommes les descendants doit, sauf erreur, avoir plus ou moins **200 000 ans**.

Cela paraît vraiment beaucoup, mais au regard de l'âge de la planète Terre (4,5 milliards d'années) et de l'Univers (environ 13,7 milliards d'années), c'est très peu.

Difficile, cependant, d'appréhender de telles valeurs !

Pour comprendre depuis combien de temps nous nous trouvons sur terre, faisons un petit jeu et imaginons que

toute l'histoire de l'Univers

du Big Bang qui lui donna naissance
jusqu'à aujourd'hui tient en

1 seule année

Le 1er janvier, le Grand Boum a donc lieu et l'Univers voit le jour.

Vers le 1er mai, la Voie lactée se forme, c'est-à-dire la galaxie à laquelle appartient notre système solaire qui, lui, ne commence à exister que début septembre…

… et la Terre prend forme à la fin du mois.

Le 19 ou 20 décembre, voilà les premiers insectes…

… et le 25, les dinosaures…

…qui s’éteignent le 28…

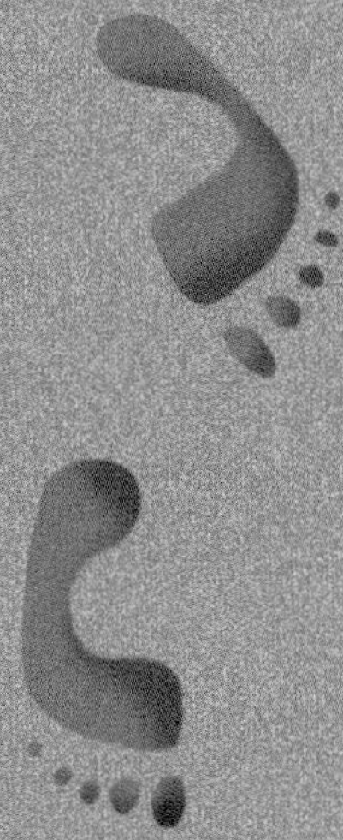

… puis, petit à petit, des animaux semblables à des singes, et le 31 décembre à dix heures du soir, les premiers êtres ressemblant à un homme.

3 minutes et demie avant minuit arrive enfin :

l'*HOMO SAPIENS SAPIENS*.

Exactement, deux fois sapiens, car tel est notre nom savant.

Et 5 secondes avant minuit débute la civilisation grecque.
En somme, arrivés parmi les bons derniers, nous nous sommes distingués en mettant la vie sur terre en péril en une poignée de secondes.

SLURP!
À MOI!

2

Comment LES ENNUIS ont commencé

Il y a plus ou moins cinq cent mille ans, après un million et demi d'années écoulées somme toute sans événements majeurs, l'un de nos ancêtres apprit à se servir du **feu**. Cette découverte marqua un tournant : dès cet instant, l'homme cessa d'être un animal comme les autres, ce qu'il avait été pendant des centaines de milliers d'années, pour devenir le *Prince de la Création*, comme il aime à se définir.

Une légende répandue chez les Grecs anciens indique clairement qu'eux aussi avaient conscience de l'importance d'un tel épisode.

ZEUS, LE ROI DES DIEUX, AVAIT UN COUSIN QUI S'APPELAIT PROMÉTHÉE. CE DERNIER AVAIT UN FAIBLE POUR LES HOMMES AUXQUELS IL AVAIT FAIT DON DE L'INTELLIGENCE ET DE LA MÉMOIRE, DEUX QUALITÉS ENFERMÉES DANS UN ÉCRIN QU'IL AVAIT DÉROBÉ À LA DÉESSE ATHÉNA. CE FURENT CES QUALITÉS QUI, LES PREMIÈRES, DISTINGUÈRENT L'HOMME DE TOUS LES AUTRES ANIMAUX.

VOLEUR DANS L'ÂME, PROMÉTHÉE PÉNÉTRA UNE NUIT DANS LA FORGE DE VULCAIN, LE DIEU DU FEU, ET S'EMPARA D'UNE ÉTINCELLE QU'IL S'EMPRESSA D'OFFRIR À SES AMIS LES HOMMES. DÉJÀ TRÈS IRRITÉ PAR LE FAIT QUE SON COUSIN EÛT PROCURÉ LA MÉMOIRE ET L'INTELLIGENCE AUX HOMMES, LEUR PERMETTANT DE DEVENIR UN PEU TROP PUISSANTS, ZEUS SE LAISSA ALORS LITTÉRALEMENT EMPORTER PAR LA RAGE.

ZEUS APPELA MERCURE, LE DIEU MESSAGER, ET L'ENVOYA CAPTURER PROMÉTHÉE.
EN PUNITION, EFFROYABLE CAR ZEUS NE PLAISANTAIT PAS, LE PAUVRE FINIT ATTACHÉ À UN ROCHER AU SOMMET D'UNE MONTAGNE PERDUE DANS LA CHAÎNE DU CAUCASE, AVEC UN AIGLE VENANT CHAQUE JOUR LUI DÉVORER LE FOIE.
UN FOIE QUI REPOUSSAIT CHAQUE NUIT, POUR ÊTRE À NOUVEAU RONGÉ LE LENDEMAIN.
ET CE DURANT DES SIÈCLES, JUSQU'À CE QU'HERCULE, LE HÉROS À LA FORCE EXTRAORDINAIRE, TUE L'AIGLE ET LIBÈRE AINSI PROMÉTHÉE, QUI PROMIT DE BIEN SE CONDUIRE À L'AVENIR.

Mais l'homme était désormais en possession du **feu**, et l'irrésistible histoire de ses rapports avec la planète Terre débuta.

3

Pardon,
brave Homo sapiens,
AURIEZ-VOUS DU FEU ?

À en croire les vestiges mis au jour çà et là, pendant un bon bout de temps l'homme fut incapable d'allumer un **feu**.

Une fois en possession du **feu** (vraisemblablement grâce à l'incendie d'un arbre frappé par la foudre), l'homme devait le raviver en permanence car s'il venait à s'éteindre, il ne lui restait plus qu'à attendre, qui sait combien de temps, un autre éclair…

Il est raisonnable de penser qu'au départ, le **feu** servit à réchauffer un peu les cavernes qui n'étaient pas toujours très accueillantes, ainsi qu'à éloigner les animaux, qui en avaient peur. L'homme commença ensuite à cuire sa nourriture avec.

La **cuisson** non seulement changea la saveur de ce que l'homme mangeait, mais permit aussi de mieux conserver les aliments, notamment par le fumage, et de tuer une bonne partie des bactéries et des parasites qui les rendaient dangereux à ingérer ou les faisaient pourrir.

Le **feu** durcit par ailleurs les pointes de flèches ou bien de pieux et de bâtons de bois utilisés pour labourer les champs.

Il fut aussi possible de cuire la terre mélangée à de l'eau pour fabriquer des poteries et, enfin, de faire fondre les métaux contenus dans les roches, pour donner ainsi naissance aux premiers objets de bronze, un alliage de cuivre et d'étain.

On n'a réussi à travailler que des métaux ayant un point de fusion relativement bas (c'est-à-dire qui fondaient plus facilement), car il s'avérait vraiment difficile d'élever la température du **feu**, même en s'évertuant à souffler dessus.

Les siècles s'écoulèrent ainsi, jusqu'à ce que les matières premières, comme le bronze, se raréfient. L'homme dut alors se rabattre sur le fer, plus difficile à travailler que le bronze parce qu'il fallait le faire fondre à de très hautes températures.

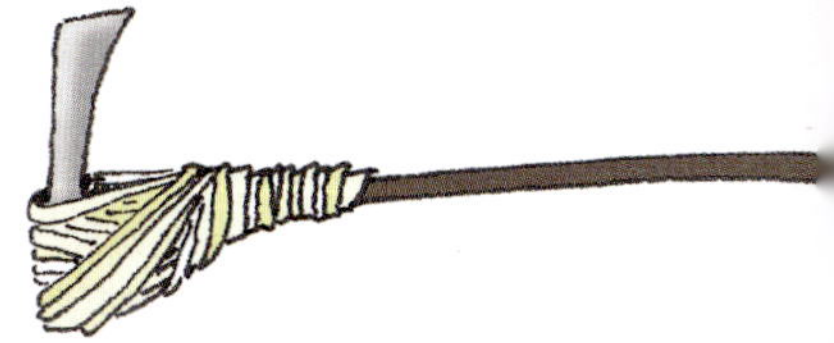

Toujours très entreprenant, l'homme ne se laissa pas décourager et apprit à construire des fours rudimentaires, de simples trous coniques creusés dans la terre et tapissés d'argile, avec de l'air injecté par des soufflets.

Dès 3 000 ans av. J.-C., les Égyptiens réalisant qu'un beau feu de bois allumé sur la plage faisait fondre le sable et le transformait en verre, ils se mirent à tirer parti de cette découverte (peut-être empruntée aux peuples de Mésopotamie ou à d'autres). Pour abaisser le point de fusion du sable, composé principalement de silice, ils ajoutaient de la soude et, en soufflant de l'air sur le **feu**, ils obtenaient une matière pâteuse dont ils tiraient de petits objets de verre.

Extrêmement précieux, bien entendu,
vu les efforts que leur fabrication demandait.

Ainsi, des siècles durant, tout ce qui était en métal ou en verre coûtait très cher et était donc utilisé et conservé avec le plus grand soin. Le **feu** était vénéré dans nombre de religions (par les Vestales romaines, entre autres) et les objets qui, pour être fabriqués, avaient besoin de beaucoup de chaleur étaient soigneusement conservés, parfois pendant des générations.

Certains inventaires de châteaux de la noblesse recensent en effet tout au long du Moyen Âge des pioches ou des marteaux de fer aux côtés d'objets jugés aujourd'hui bien plus précieux, comme ceux en or.

4

Le FEU sacré du progrès (parti en FUMÉE)

Qu'est ce que le FEU ?

Pourquoi, quand nous brûlons
quelque chose,

il ne subsiste au final

qu'un
petit tas
de cendres

tout le reste ayant

...disparu ?

Nous savons aujourd'hui que le feu résulte simplement de la réaction chimique entre une substance appelée combustible et l'oxygène. Cette réaction est qualifiée d'exothermique car elle dégage de la chaleur.

Voilà pourquoi le **feu** brûle.

Mais tout cela demeura obscur au moins jusqu'à la seconde moitié du XVIIIe siècle.

Il y a un peu plus de quatre cents ans avant Jésus-Christ vivait à Athènes un philosophe répondant au nom d'*Anaxagore*.
Parmi les rares choses qu'il nous a laissées figure la formule :

Y compris la matière brûlée ? Elle non plus ne serait pas détruite ? Pourtant, plus personne ne la voit.

Très longtemps après, à la fin du XVIIe siècle en Allemagne, Georg Ernst Stahl, chimiste et médecin du roi de Prusse enseignant également à l'Université de Halle, élabore justement une théorie sur les conséquences de la combustion. Selon lui, toutes les substances qui brûlent sont riches en phlogistique. De quoi s'agit-il ? De quelque chose d'invisible et de subtil que les alchimistes appellent « fluide » et que contient tout corps combustible. En brûlant, une matière perd ainsi son phlogistique, le **feu** n'étant rien d'autre que le phlogistique libéré par la matière.

N'est-ce pas là la théorie la plus farfelue que vous ayez jamais entendue ? Pourtant, elle aura valeur de science pendant presque un siècle, jusqu'à ce qu'***Antoine Lavoisier***, toujours étudié de nos jours, fasse l'une des découvertes les plus extraordinaires de tous les temps.

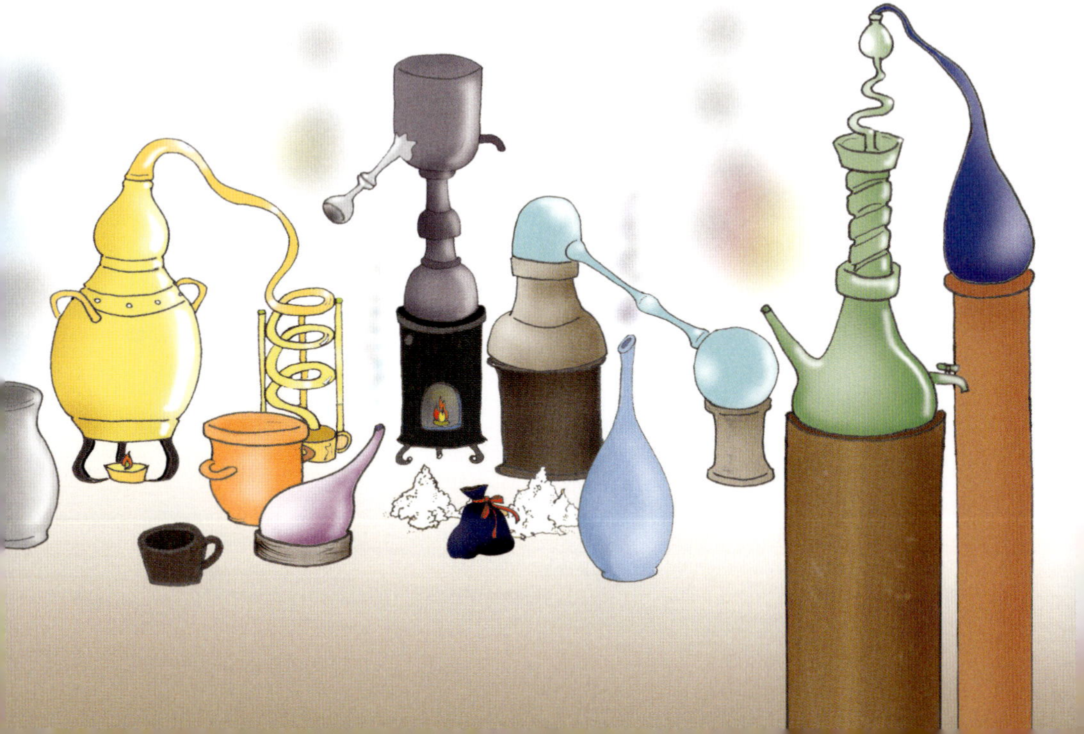

Dans les années 1780, ***Lavoisier*** vit à Paris et n'est pas encore le savant que l'on connaît, mais exerce la fonction de fermier général (financier chargé du recouvrement des impôts).

Passionné de chimie, il entreprend avec l'aide de son épouse une expérience qui va marquer un tournant dans l'histoire de la science.

Les chimistes amateurs font ainsi brûler du phosphore, qu'ils ont préalablement pesé, dans un récipient fermé contenant de l'air composé, comme le couple a pu l'établir auparavant, d'environ un cinquième d'oxygène. Ce qu'ils obtiennent n'est plus chimiquement identique au phosphore qui a brûlé et revêt un poids égal à celui du phosphore plus l'oxygène contenu dans le récipient. Rien ne s'est par conséquent échappé pour aller Dieu sait où, et la théorie du phlogistique s'écroule.

Cette expérience met en lumière l'un des principes typiques de la nature : *rien ne se crée de rien, et de la même manière, rien ne peut se réduire au néant.*

En revanche, tout se transforme en quelque chose d'autre et conserve la masse, ou plus simplement le poids initial de chaque composant de la transformation. On en revient alors ni plus ni moins à ce qu'écrivit ***Anaxagore*** plus de deux mille ans avant ***Lavoisier***.

Cette loi de la nature est reprise dans les ouvrages scientifiques sous le terme de :

Principe de conservation de la masse

Une grande partie de ce qui est brûlé ne se voit pas du simple fait que cela se transforme en substances gazeuses qui sont, certes, invisibles, mais qui existent bel et bien et qui ont une masse.

Au XVIIIe siècle, la science expérimentale commence lentement à se frayer un chemin dans le brouillard de l'alchimie et d'une science qui n'expérimente rien, se reposant sur des raisonnements abstraits qui s'appuient à leur tour sur d'autres raisonnements abstraits, et ainsi de suite en un enchaînement infini.

La fille de la science est la technique, à savoir la science appliquée à quelque chose susceptible de servir à l'homme devenu désormais très différent de ses frères animaux qu'il ne reconnaît même plus comme tels.

C’est précisément au XVIIIe siècle que débuta
en Grande-Bretagne la

première révolution industrielle

Grâce aux études du mathématicien et ingénieur écossais James Watt, l'énergie contenue dans la vapeur d'eau put être utilisée à des fins industrielles, et les machines construites en application de ce principe facilitèrent énormément l'extraction et le transport du charbon servant à son tour de combustible pour chauffer l'eau et produire de la vapeur.
Aux machines à filer, puis à tisser, s'ajoutèrent de gros soufflets pour attiser le feu dans les fonderies. Cela marqua un profond tournant dans les habitudes de l'homme.

Ce processus eut deux conséquences : d'une part, de nombreux ouvriers se virent privés de leur travail, remplacés par les machines…

… et d’autre part, bon nombre de produits devinrent moins chers et à la portée de beaucoup plus de bourses.
Jeter quelque chose qui ne plaisait plus commença alors timidement à l’emporter sur le fait de jeter – à contrecœur – ce qui n’avait plus d’utilité.

Plus tard, dans la seconde moitié du XIXe siècle, le **pétrole** fut peu à peu adopté en guise de carburant à la place du **charbon**, et encore après, des techniques industrielles toujours plus économiques furent mises au point, comme la **chaîne de montage**, par exemple.
Avec cette dernière, chaque ouvrier chargé de l'assemblage d'un produit, tel qu'une voiture, répète toujours la même opération sans perdre de temps, ce qui accélère la production et abaisse par conséquent les coûts.

À chaque progrès accompli par la science et la technique, les produits, les biens, coûtèrent de moins en moins cher, et de plus en plus de gens purent progressivement se permettre de les posséder.

Et de s'en débarrasser.

Puis, à partir de la seconde moitié du XXe siècle, l'introduction des matières plastiques rendit une foule d'objets vraiment accessible à tous.

Et la consommation entraîna l'accumulation de déchets…

5

Les DÉCHETS

Qu'est ce qu'un DÉCHET ?

Ce terme désigne
soit ce qui reste
d'une matière
qu'on a travaillée...

... soit un résidu
impropre à
la consommation,
inutilisable
(et généralement sale
et encombrant).

Il ressort de l'observation de la **Nature** qu'elle ignore la notion de ***déchet***, au sens de quelque chose d'inutile. Depuis toujours, la **Nature** ne néglige rien de ce qui lui appartient et fonctionne selon des cercles vertueux.
Prenons un exemple simple, même si le processus applicable à toute forme du vivant s'avère parfois extrêmement compliqué.
Voyons un peu ce qui se passe avec une feuille quelconque. Quelle est sa, ou plutôt quelles sont ses fonctions, car elle en a vraiment plus d'une.

Nous nous contenterons ici de voir le rôle de la chlorophylle, le pigment vert situé dans une multitude de petits organes, les ***chloroplastes***, contenus à leur tour dans les cellules de la feuille elle-même.

Cette substance est capable de capturer l'énergie du soleil et de l'utiliser pour combiner le gaz dioxyde de carbone de l'air avec l'eau que la plante puise dans le sol par ses racines.

L'eau combinée avec le dioxyde de carbone produit des sucres nécessaires à la plante pour vivre.

Cette opération chimique que les savants appellent *photosynthèse chlorophyllienne* une fois terminée, la feuille élimine ce qui constitue pour elle un ***déchet*** :

l'oxygène (O_2)

Parbleu, de l'oxygène ! Mais pour nous, hommes et animaux, l'oxygène est un gaz absolument indispensable ! Gare à nous s'il venait à manquer ! C'est justement grâce à ce déchet rejeté par les végétaux que l'air continue de contenir l'oxygène qui nous permet de vivre.

Mais le cadeau que nous font les feuilles n'est pas à sens unique : après avoir inspiré pour faire entrer l'air, donc l'oxygène, dans nos poumons, nous expirons en rejetant du

dioxyde de carbone (CO_2)

gaz vital pour les végétaux.

Il s'agit en somme d'un cercle vertueux où rien n'est gaspillé, tout ce qui est transformé servant à maintenir l'équilibre naturel.

Comme nous l'avons vu dans les chapitres précédents, l'homme a vécu exactement comme n'importe quel autre animal pendant au moins les trois quarts de son existence sur cette planète.
Puis, ***Prométhée*** est arrivé, et avec lui le feu grâce auquel nous avons commencé à nous distinguer de nos compagnons d'aventure du règne animal.
Il nous a fallu plusieurs centaines de milliers d'années, mais le **feu** nous a peu à peu permis de fabriquer des objets, aucun animal ne fabriquant des objets moyennant une transformation technologique de matériaux naturels.
Nous avons ensuite entrepris de nous construire des tanières, baptisées maisons qui, là aussi, nous rendent très différents des autres animaux et sont réalisées avec des matériaux qui n'ont désormais plus grand-chose de naturel.
Sans nous en apercevoir, et au début sans trop perturber la nature, nous avons introduit progressivement sur la planète des choses pour nous en servir, avant de nous en débarrasser quand elles devenaient inutilisables.

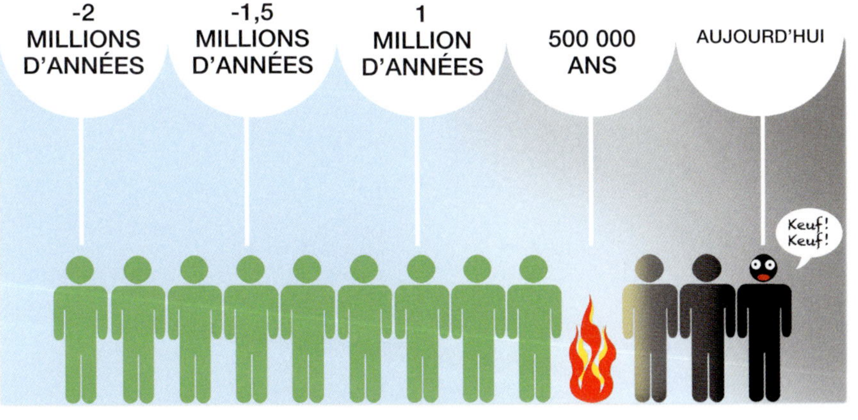

Un *déchet* est donc quelque chose qui n'existait pas auparavant.

Mais le monde était si grand et il y avait si peu d'hommes… Il suffit de penser que 2 000 ans avant notre ère, à l'époque de la naissance du Christ, la population mondiale atteignait à peine 250 000 âmes et avait tout juste doublé au XVIIe siècle. Et comme nous l'avons vu, des milliers d'années se sont écoulées sans que l'on jette grand-chose.

Quand les savants appelés paléontologues humains découvrent les vestiges d'un village de cabanes antiques, ils ne manquent presque jamais d'exhumer un dépôt d'ordures à proximité, généralement une petite montagne de ***déchets*** comprenant surtout des os, reliques des repas, le tout recouvert de terre.

Ces tas faisaient partie intégrante du site, plusieurs localités d'origine étrusque ou celtique témoignant de cette pratique inscrite des siècles durant dans les usages.

Ces collines étaient désignées sous le terme de *mut* et de *mouden* en langue respectivement étrusque et celtique, d'où le nom par exemple de la ville italienne de Modène (*Mutna* en étrusque, *Mutina* en latin). De petites montagnes de détritus somme toute bien supportées par l'environnement et qui ne constituèrent pas un sujet de préoccupation avant longtemps.

Puis, peu à peu, la population n'a cessé d'augmenter et les objets sont devenus plus disponibles et moins précieux, à savoir moins chers.
La tentation de se débarrasser de ceux jugés inutiles s'est accrue.

Mais où mettre les ***déchets*** s'ils ne servent vraiment plus à rien et si la nature n'est pas en mesure de les incorporer dans son cercle vertueux ? Et oui, voilà bien le problème !

Le coup de grâce est venu avec l'introduction des matières plastiques, un phénomène qui a pris de l'ampleur au milieu du XXe siècle et qui, si l'on en croit les producteurs, devait épargner des matériaux d'origine naturelle comme le bois ou l'argile.

Mais le plastique nous a en réalité plongés dans la perplexité : que faire de ce qui ne sert plus ?

Quelle est la solution à l'heure où nous sommes **six milliards et sept cents millions** ? Et en 2025, lorsque nous serons **huit milliards d'individus** à peupler cette planète et une multitude à utiliser des choses en plastique que nous jetterons avec une foule d'autres immondices ?

6

HOMO ENERGIVORUS

Parmi les nombreuses habitudes qui distinguent l'homme de toute autre créature de passage sur la planète bleue, cette Terre sillonnant l'espace à une vitesse vertigineuse sans que quiconque ait la moindre idée de sa destination, figure sans nul doute la soif d'ÉNERGIE. Pour être accomplie, en effet, une activité humaine a désormais presque toujours besoin d'une énergie fournie non pas par les muscles, mais par quelque chose d'autre.

Alors…

… qu'est-ce que l'ÉNERGIE ?

Rien d'autre que la

capacité d'effectuer un

TRAVAIL PHYSIQUE.

Nous l'avons dit et redit : l'homme est, certes, un animal, mais il diffère nettement de tous les autres. À tel point qu'un éléphant, un rat, un poisson ou un ver de terre auraient des raisons de le regarder de travers, aucun d'entre eux n'ayant très envie de l'avoir pour partenaire.

L'homme a vécu pendant au moins un million et demi d'années en se servant uniquement de la force de ses muscles pour se déplacer,

pour se procurer et se préparer à manger…

… et pour se défendre.

Puis, il y eut le **feu**, et donc la chaleur, avec les conséquences évoquées dans les chapitres précédents.
Bien entendu, l'homme ne s'est pas contenté d'utiliser le **feu** pour faciliter ses activités : il a domestiqué les animaux susceptibles de lui venir en aide et a maîtrisé le vent pour propulser ses embarcations et actionner ses moulins. Moulins qu'il a également appris à faire fonctionner grâce à l'écoulement de l'eau. Le soleil a lui aussi compté parmi les sources d'énergie, sa chaleur permettant par exemple de faire évaporer l'eau de mer pour en recueillir le sel.
Mais l'homme ne s'est pas arrêté là.

Depuis déjà des millénaires, l'homme a compris que le feu pouvait être obtenu à partir du charbon et du pétrole, résidus fossiles de formes de vie végétale et animale remontant à des dizaines de millions d'années avant nous, mais que leur extraction était plutôt laborieuse et que le jeu n'en valait pas la chandelle. Il ne fit donc pas grand cas de ces deux ressources, et ce jusqu'à il y a environ deux siècles, quand avec l'amélioration des techniques d'exploitation minière, le charbon, puis le pétrole devint une source d'énergie privilégiée à l'origine d'un formidable essor de l'industrialisation dans le monde.

Cela fait maintenant plusieurs dizaines d'années que l'homme a également recours à l'uranium, un métal radioactif qui, convenablement traité, peut produire de grandes quantités d'énergie.

Apparemment, aucune ombre à ce tableau. Mais il convient alors, comme pour tout raisonnement, de le pousser dans ses moindres retranchements.

Tournons un peu autour du pot : imaginez un automobiliste avec un véhicule au réservoir plein d'essence, mais dont le bouchon de réservoir est scellé et donc impossible à ouvrir.

Il part au volant de sa voiture et circule, même à toute vitesse, sans rencontrer le moindre problème.
Et soudain, sans prévenir, il n'y a plus d'essence et le pauvre conducteur se retrouve immobilisé, pas très content, au bord de la route avec son véhicule inutilisable.
Imaginez à présent que vous disposiez d'une voiture au réservoir lui aussi plein d'essence, mais dont vous pouvez cette fois retirer aisément le bouchon.
Vous partez et roulez jusqu'à ce que la jauge de carburant vous signale que le niveau est à sec.
La solution ? Vous vous arrêtez à la première pompe à essence, faites le plein et repartez, en passant, pourquoi pas, devant le malheureux imprévoyant à pied.

La différence entre ces deux situations saute aux yeux : le bouchon du réservoir.

Dans le premier cas, le conducteur a utilisé uniquement la source d'énergie contenue à l'**intérieur** du véhicule et n'a pas eu la possibilité de s'approvisionner ailleurs. Dans le second, vous avez fait preuve de prévoyance en vous tournant vers des sources extérieures et vous avez ainsi pu tranquillement poursuivre votre route, et ce même à épuisement du premier plein d'essence.

Quel rapport, vous demanderez-vous, avec le comportement de l'homme ? C'est très simple :

si l'homme utilise des sources d'énergie internes à la planète Terre, comme le charbon, le pétrole, le méthane ou l'uranium, ces dernières finiront tôt ou tard par s'épuiser, sans espoir de se reconstituer un jour.

Et c'est malheureusement ce qui est en train d'arriver : d'ici à quelques dizaines d'années, il ne restera plus rien de toutes ces sources d'énergie.

Que faire, alors ? Aucun d'entre nous n'a envie de revenir au temps des cavernes.

Il faut par conséquent agir et trouver un réservoir au bouchon amovible, c'est-à-dire ***un moyen de se procurer une énergie en dehors de la planète***. Comment ? En prenant modèle sur la nature qui, depuis des milliards d'années, profite du **soleil**.
La vie sur terre existe grâce au soleil, comme nous l'avons vu avec les feuilles.

Le soleil nous offre d'énormes quantités d'énergie, plusieurs milliers de fois supérieures à celles que nous produisons en brûlant un peu de tout.

Si nous étions suffisamment sages pour user de la science et de la technique (qui en découle) afin d'exploiter cette merveilleuse source d'**énergie qui durera encore des milliards d'années**, nous nous épargnerions de gros soucis.

7

Liste des ENNUIS (auxquels il faut vite remédier)

BURP !
O2
O2
ÇA SUFFIT!
JE NE PEUX
PLUS RIEN
AVALER...
Z Z Z ...
Co2

L'homme produit de l'énergie par la combustion, chose que la nature ne fait jamais.

Et, ce qui est pire encore, il brûle des matières inévitablement vouées à s'épuiser.
Comme avec les moteurs à explosion des voitures, les nombreuses centrales électriques, les incinérateurs de déchets (que d'aucuns appellent « thermovalorisateurs »), etc.

Mais le fait que les combustibles s'épuisent et auront bientôt disparu n'est pas le seul inconvénient.

Il faut savoir que **chaque combustion s'accompagne** de **gaz**, de **substances chimiques** de composition diverse et de **poussières tellement fines** qu'elles sont invisibles à l'œil nu, et parfois même aux microscopes ordinaires.

Certains gaz, dont le dioxyde de carbone qui n'est pas absorbé par les plantes - car il y a trop peu de plantes et trop d'anhydride carbonique - finissent par former au-dessus de nos têtes une sorte de chape très semblable aux vitrages des serres où fleurs et légumes sont cultivés hors saison.

L’effet est le même : tout ce qui se trouve sous la chape, en l’occurrence l’ensemble de la planète, est comme enfermé dans une gigantesque boîte transparente et se réchauffe, ce qui perturbe son **équilibre naturel** *(et nous concerne au premier chef, dans la mesure où notre existence sur la terre dépend justement de ce délicat équilibre !).*

À cela s'ajoutent des gaz que les chimistes désignent sous le terme d'oxydes d'azote, à l'origine des pluies acides qui ne font assurément aucun bien aux végétaux et au sol. Mais outre cet effet que partagent également d'autres gaz dénommés oxydes de soufre, toujours issus de la combustion, les oxydes d'azote génèrent des substances dont se nourrissent avec avidité de minuscules et très simples organismes végétaux qui prennent la place d'autres organismes et empêchent leur développement.

Avec les gaz, la combustion dégage une multitude de composés chimiques toxiques qui varient en fonction de ce qui est brûlé. Les incinérateurs et autres thermovalorisateurs libèrent des centaines de poisons aux noms abscons, comme polychlorobiphényles (PCB), furanes ou dioxines, beaucoup d'entre eux demeurant longtemps présents dans l'environnement avant que la nature réussisse d'une manière ou d'une autre à les rendre un peu moins agressifs pour le milieu ambiant et la santé.

Et pour finir, la combustion engendre d'infimes **poussières**, plusieurs milliards de fois plus légères que les grains de sable les plus fins.

Ces poussières ont une composition qui varie selon la matière brûlée.

Les incinérateurs libèrent par exemple des poussières dont la composition change très fréquemment car ces installations brûlent un peu tout et n'importe quoi.

Légères comme elles sont, les poussières restent en suspension dans l'air durant de longues périodes, voire des années, et parcourent, ainsi suspendues dans l'atmosphère, d'immenses distances.

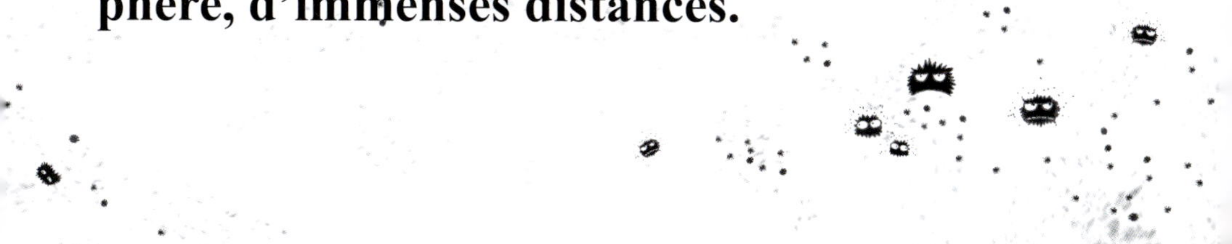

Pour s'en faire une idée, il suffit de penser aux grains de pollen. Ces derniers pèsent plusieurs milliards de fois plus lourd que les poussières en question…

… et sont pourtant capables de voyager de l'Europe jusqu'au pôle Sud où les paléontologues, les savants s'intéressant aux êtres vivants du passé, trouvent, enfouis dans les glaciers polaires, ceux apparus sur nos territoires il y a des milliers d'années.

Le sable du désert du Sahara est également un bon exemple. Très lourd lui aussi comparé auxdites poussières, il se déplace en suspension dans l'air jusqu'à nous et retombe mélangé à la pluie qu'il teinte en rouge.

Arrivées au terme de leur voyage, les poussières se déposent au sol, un peu partout, y compris sur les fruits, les légumes et l'herbe dont tant d'animaux se nourrissent. Quand elles restent suspendues dans l'atmosphère, elles se comportent à peu près comme l'air, de sorte que nous les respirons en même temps que ce dernier.

Ces infimes particules finissent alors dans nos poumons, puis notre sang, et gagnent par conséquent chacun des organes constituant notre corps.

Il en va plus ou moins de même avec les poussières ingérées lors de la consommation de fruits, de légumes et de céréales. Elles finissent dans l'estomac et l'intestin, avant de passer dans le sang, et le phénomène évoqué à l'instant se répète : les particules atteignent les moindres recoins de l'organisme.

Malheureusement, au moment où, pour des raisons encore inexpliquées, les poussières se concentrent dans un organe donné, comme le foie, elles le rendent malade.

Toutes ces substances toxiques que l'homme produit par la combustion sont directement préjudiciables pour notre santé, mais leur effet ne s'arrête pas là.

Il existe des formes de vie élémentaires, telles que celles constituant le plancton, un terme d'origine grecque signifiant « errant » : incapables de se déplacer par leurs propres moyens, ces minuscules créatures flottent dans les mers en énormes quantités, se laissant porter par les courants.

Le plancton est à la base de la chaîne alimentaire, un système naturel selon lequel un être en mange un autre et est à son tour mangé par un autre encore, et ainsi de suite jusqu'à l'homme qui constitue le dernier maillon de cette chaîne. Quand, comme c'est le cas, le plancton devient toxique, toute la chaîne en pâtit, l'homme n'y échappant pas.

Mais les substances toxiques tuent également les insectes, et sans insectes qui transportent le pollen, beaucoup de fleurs ne donnent pas de fruits.
La disparition des insectes, comme les abeilles dont le nombre chute partout dans le monde, entraîne par conséquent celle des fruits.

8

Non aux DÉCHETS

JE SUIS TRÈS MALADE : J'AI MAL AUX HOMMES !
AÏE ! MAIS NE T'INQUIÈTE PAS, ILS NE VONT PAS DURER !

L'homme n'est finalement pas aussi sapiens qu'il le croit : il se sert le moins possible du beau cerveau dont la nature l'a doté, et souvent juste pour satisfaire des besoins immédiats, sans penser aux conséquences de ses actes.

Et à quoi bon s'évertuer à se montrer si brillant pour ensuite, en quelque sorte, se noyer dans un verre d'eau ?

L'homme a découvert, créé, inventé tant de choses… Il suffit de penser à la grande révolution que constitue l'avènement du plastique : un matériau presque indestructible !

Dans le passé, malgré toute l'attention apportée à leur conservation, les objets finissaient tôt ou tard par s'user ou, dans le cas du verre et de la céramique, par se briser en mille morceaux.

Les objets en plastique peuvent quant à eux tomber à maintes reprises sans une égratignure ; souples, ils se déforment pour reprendre leur forme initiale. Fantastique ! Ils devraient donc en toute logique être conçus pour durer une vie entière et même passer de génération en génération.

Et pourtant non : dès que nous avons su produire des objets éternels, nous avons décidé de nous en débarrasser le plus vite possible, simplement parce que leur fabrication coûtait moins cher que pour n'importe quel autre matériau. Très mauvais calcul ! Erreur fatale !

La légèreté avec laquelle nous sous-estimons les conséquences de nos comportements anti-écologiques (et, du même coup, anti-vie !) risque de compromettre notre existence sur la terre.
Il ne faut jamais oublier que nous faisons partie de la nature et que lui faire du mal revient à nous faire du mal.

Oui, les déchets commencent à poser un gros problème. À force de jeter des choses, de fabriquer des objets en matériaux indestructibles et que la nature n'est quoi qu'il en soit pas en mesure de réutiliser, il y a de moins en moins de place pour nous. Le fait est que nos déchets deviennent de plus en plus encombrants : non seulement ce que nous bannissons de notre vie (mais pas de la planète !) prend beaucoup de place, mais avec le traitement que nous leur réservons (en les brûlant ou en les entassant dans de gros trous creusés dans le sol), toutes ces choses deviennent très dangereuses pour la santé et doivent être maintenues à l'écart.

Pas de doute : le meilleur moyen de ne pas avoir de problèmes avec les déchets consiste à ne pas en avoir, ou le moins possible. Parfait, mais comment ?

Pour commencer, c'est aux États de prendre l'initiative, car le plus fort pourcentage de déchets encombrant la planète est d'origine industrielle, et non domestique. Il s'agit de déchets dits « spéciaux », à éliminer par des processus spécifiques compte tenu du puissant danger qu'ils représentent pour la santé. Ces procédures sont très coûteuses pour les industries, et il n'est malheureusement pas rare que les forces de l'ordre découvrent des déversements abusifs en pleine campagne ou dans la mer : de véritables désastres pour l'environnement. Quand les citoyens sont bien informés (comme vous, qui lisez ce livre, par exemple) et font pression sur les gouvernements, il arrive, comme dans certains pays d'Europe du Nord, que des aides soient accordées pour rénover des installations industrielles qui, avec le temps, produisent davantage de déchets et d'émissions et consomment beaucoup plus d'énergie pour fonctionner que celles de dernière génération.

À notre échelle, nous pouvons nous aussi adopter au quotidien un mode de vie écodurable, c'est-à-dire sans risque pour l'équilibre naturel. Il faut tout d'abord éviter d'acheter ce qui ne sert pas vraiment et, le cas échéant, se demander avant tout achat si ce dernier, une fois qu'il aura fini de servir (le plus tard possible), pourra durer encore en d'autres mains ou sous une forme complètement différente.

Il suffit de penser à la plupart des vêtements qui peuvent être réutilisés tels quels, ou après quelques modifications de plus ou moins grande ampleur, ou aux appareils électroménagers, qu'un rien permet généralement de remettre en état. Et s'agissant de ce qui pourrait changer d'aspect, les résidus de cuisine, d'agriculture ou de jardinage constituent un très bon exemple. Tout ce que nous jetons distraitement ou même brûlons a en réalité une grande valeur.

Il faut savoir que la terre est extrêmement généreuse et fournit une infinité de substances destinées à nourrir les plantes qui, à leur tour, servent à nous nourrir ou sont filées pour fabriquer nos vêtements, ou deviennent des objets de bois et bien d'autres choses encore.

Mais après tant d'années d'exploitation, la terre s'avère si appauvrie qu'elle n'a plus grand-chose à offrir. Pour remédier à la situation, l'homme a alors recours à des millions de tonnes d'engrais chimiques ayant au moins deux défauts : le premier est que leur production requiert d'énormes quantités d'énergie ; et le second est qu'ils contiennent seulement en partie les substances que les plantes trouvent dans le sol.

D'où le phénomène dit de la **désertification**, qui n'est rien d'autre que l'incapacité du sol à maintenir en vie nombre des plantes qui nous sont utiles.

Prenons les résidus de cuisine, d'agriculture ou de jardinage évoqués plus haut. Les laisser fermenter de façon parfaitement naturelle permet d'obtenir un terreau très fertile, avec tout ce dont la terre et les plantes ont besoin. Le terreau est désigné sous le terme de compost, et la technique, sous celui de compostage. Absolument rien n'empêche de le faire chez soi : il suffit de se procurer un grand conteneur appelé « composteur », d'y jeter ce qu'il convient et de retourner une fois par semaine la trentaine de centimètres de matériau formant la couche superficielle pour l'aérer. La nature travaille pour nous sans bruit ni odeur et sans la moindre pollution. Au bout de six mois, ou parfois même plus tôt, on extrait du fond du conteneur un terreau léger sentant même le sous-bois avec lequel fortifier le potager, le jardin ou, à défaut, ne serait-ce que les fleurs en pot de la maison. Tout ce dispositif peut être mis en place à une échelle plus vaste, comme dans certaines villes dont, entre autres, San Francisco aux États-Unis ou Zurich en Suisse, pour le plus grand bien de l'environnement et de l'économie.

Sachant cela, on évitera d'emporter tout ce dont on souhaite se débarrasser dans ces endroits si déplaisants que sont les décharges : de gigantesques trous où chacun jette ses ordures et dont découlent tant de désagréments, les principaux étant le dégagement de gaz pestilentiels et l'écoulement d'un liquide toxique et nauséabond qui imprègne le sol et atteint les nappes d'eau souterraines, les rendant inutilisables. L'origine de ce phénomène est facile à deviner : les décharges reçoivent tous les résidus que les hommes, fidèles aux principes de la nature, souhaitent transformer en terreau. Hélas, les résidus en question fermentent et produisent des réactions chimiques avec les autres déchets de la décharge, et le mal est fait. Il en va de même avec tout ce qui moisit et pourrit, comme le papier, de sorte qu'il faut éviter de déposer ce genre de choses dans les décharges sous peine de mourir asphyxié et de boire de l'eau empoisonnée.

Une simple visite dans l'une des décharges qui existent à l'heure actuelle permet de remarquer, outre la mauvaise odeur émanant des matériaux qui ne devraient pas s'y trouver, qu'au moins la moitié de son contenu se compose d'emballages.

Réfléchissez un instant : presque tous les produits sont commercialisés dans des boîtes, ou du moins des emballages spécifiques de dimensions souvent disproportionnées par rapport à ce qu'ils renferment.

Tous ces emballages sont-ils absolument indispensables ?

Ne pourraient-ils pas être conçus différemment, réduits au maximum et non pas jetables mais **réutilisables** ?

Peu à peu, certains commencent à comprendre que nous sommes comme des poissons rouges, prisonniers dans leur bocal de verre, et que si quelqu'un empoisonne l'eau, aucun d'entre eux ne sera épargné. Plus conscientes de la réalité, les personnes en question se mettent alors à rapporter leur bouteille de lait pour la remplir directement à une machine contre une pièce de monnaie, en répétant l'opération autant que de besoin.

Il n'est pas nécessaire de fabriquer autant de récipients en plastique cartonné et de bouteilles qui, comme nous le verrons dans le prochain chapitre, sont à base de pétrole, lui aussi ennemi de l'environnement.
Idem pour les lessives ou les pâtes : il suffit de prendre son récipient vide et de le rapporter plein chez soi, et ce autant de fois qu'il le faut.

Et que dire de tous ces sachets en plastique distribués au supermarché ?

Débarrassons-nous également d'eux, dans la mesure où presque tout le plastique est ensuite brûlé dans les incinérateurs qui empoisonnent l'atmosphère.

Faisons les courses avec un beau cabas, comme nos grands-mères, et le problème sera en grande partie résolu.

À nous, en somme, de prendre l'initiative !

9

Conseils pour les achats «RESPONSABLES»

Quiconque habite non loin d'une décharge a des raisons de se plaindre : mauvaises odeurs, eau polluée, maladies, etc.
Inutile de préciser que cette série d'ennuis vient de tout ce qui est jeté dans les décharges et qui pourrit. Une solution s'impose !
Brûler, voilà le remède apporté jusqu'à présent. On construit une belle installation appelée incinérateur où tous les déchets des environs sont entassés, on y met le feu et le problème est résolu !
En rôdant la nuit près de l'un de ces énormes fours, il se pourrait bien que l'on tombe sur le fantôme d'Antoine Lavoisier fou de colère et sa tête sous le bras (et oui, le pauvre finit guillotiné), hurlant : « ***Rien ne se perd, rien ne se crée, tout se transforme !*** »
À juste titre : pas un gramme de ce qui est brûlé ne disparaît.
Au contraire, comme Lavoisier l'a dit, tout est transformé. Transformé pour notre plus grand malheur en une infinité de substances toxiques, beaucoup plus dangereuses que ce que nous pensions naïvement avoir détruit.

INCINÉRATEUR
LÉGUMES
FRUITS

Et tous ces gaz, cendres et particules fines finissent par polluer l'air et le sol, un peu comme l'eau du bocal des poissons rouges dont nous avons parlé au chapitre précédent.

Et à l'instar des poissons, aucun d'entre nous n'est épargné : nous habitons cette planète dont nous sommes à la fois les hôtes et les prisonniers.

Faisons donc très attention à ne pas trop souiller notre environnement, sous peine d'être contraints de vivre au milieu des immondices.

Une autre **illusion** à propos des incinérateurs consiste à croire qu'ils peuvent produire de l'énergie en brûlant ce qui ne sert plus, à savoir des déchets.

À dire vrai, ces installations non seulement **ne produisent pas** d'énergie, mais en consomment aussi énormément.

Il suffit de penser que quand la chaleur est transformée en électricité, environ les deux tiers de l'énergie sont perdus.

En tenant compte par ailleurs de l'énergie dépensée pour construire l'installation et pour acheminer ladite énergie, bien ou mal produite, jusqu'à l'ampoule,

le rendement effectif n'excède pas un dixième.

Un vrai **gaspillage** !

Prenons maintenant une bouteille en plastique, par exemple d'eau minérale, et retraçons son parcours depuis le départ : pour la fabriquer, il faut du pétrole. Ce pétrole extrait d'un gisement souterrain (soit au moins deux kilos de pétrole pour un kilo de plastique à bouteille) sera :

Transporté

épuré
raffiné

de nouveau transporté

transformé en matière plastique

transporté encore une fois

transformé à nouveau en bouteille

transporté jusqu'au site d'embouteillage de l'eau minérale (remplissage, étiquetage, conditionnement)

transporté vers un lieu de distribution

transporté dans un magasin

et pour finir, ce pétrole rempli d'eau sera vendu et arrivera à la maison.

Que d’énergie pour tout cela !

La bouteille une fois vide, nous décidons qu’elle ne sert plus et elle devient un déchet qui finit dans l’incinérateur, appelé maintenant thermovalorisateur, où il sera brûlé pour tirer de l’énergie de la chaleur ainsi produite.

Retire-t-on vraiment de l’énergie de cette bouteille ?

Oui, sans conteste, mais jusqu’à quel point ?

En réalité, **une fraction infinitésimale de ce qui a servi pour que la bouteille se retrouve sur notre table**. Et si l’on ajoute à cela l’énergie nécessaire pour construire l’incinérateur et, plus tard, pour son démantèlement quand il sera devenu trop vieux, le calcul devient une perte sèche.

Que faire, alors ?

Et bien, réutiliser cette bouteille ne serait-ce qu’une fois reviendrait à diviser par deux l’énergie requise pour sa fabrication, donc à économiser la moitié de l’énergie servant à accomplir l’ensemble du parcours évoqué plus haut.

Fini l’incinérateur et les gaspillages !

Apprenons plutôt à réutiliser intelligemment tout ce qui peut l'être.

Pourquoi se débarrasser d'un objet encore capable de remplir sa fonction en le jetant ou, pire, en le condamnant au bûcher ?

Apprenons à observer ce que nous achetons. En jetant un regard critique sur son chariot de courses à la sortie du supermarché, on s'aperçoit que plus ou moins la moitié de ce que l'on rapporte chez soi n'est déjà rien d'autre qu'un déchet : boîtes, sacs et sachets, enveloppes, paquets en carton et en plastique, etc. Et que faisons-nous de tous ces achats ?

Revenons à notre bouteille à base de pétrole, celle d'eau minérale : un centime seulement de son prix correspond au produit, à savoir l'eau.

Et les 99 autres centimes ?

En résumé, quelqu'un se remplit les poches et nous force en outre à souiller l'environnement.

FAIRE CE QU'IL FAUT!

QUEL BEAU COUCHER DE SOLEIL...
J'AI BIEN PEUR QU'IL S'AGISSE DE DÉCHETS EN TRAIN DE BRÛLER, MA CHÉRIE...

Non aux DÉCHARGES.
Non aux INCINÉRATEURS.

Zut, alors !

Il va bien falloir trouver un moyen de se débarrasser des déchets !

C'est inévitable.

Tout raisonnement doit cependant aller au fond des choses, comme indiqué plus haut.

En envisageant le problème à la hâte, sans le creuser ni boucler la boucle, qu'y a-t-il de mieux qu'une décharge ou un incinérateur ?

Je produis des déchets chez moi, sur la route, n'importe où ; quelqu'un passe, ramasse mes ordures, les jette dans un trou, les brûle… et je n'y pense plus.

Mais en considérant tous les aspects du sujet, on ne peut éviter de se heurter à l'un des ennuis mentionnés précédemment.

Les limites d'une décharge ou d'un incinérateur éclatent alors au grand jour.

Comment faire, par conséquent, pour ne pas se retrouver d'ici quelques années sur une planète où il n'y aura plus assez de place pour à la fois les hommes et leurs déchets ?

En tirant des leçons de tout ce que nous avons vu jusqu'à présent, force est de constater que **nous devons nous entraîner à changer certaines de nos habitudes**.

Nous savons déjà qu'il nous faudra :

- acheter seulement ce dont nous avons vraiment besoin et qui devra durer longtemps ;
- toujours choisir des objets recyclables ou quoi qu'il en soit réutilisables.

Les fabricants seront ainsi contraints de proposer des produits amis de l'environnement, sous peine de ne pas les vendre. « Mais il y aura toujours des choses que je ne saurai pas ou ne pourrai pas ou ne voudrai pas utiliser », me direz-vous. « Que deviendront-elles ? »

Il suffit d'un peu d'organisation.

Nous devrons apprendre à effectuer une sorte de classement des déchets selon la famille à laquelle ils appartiennent et en mettant chacun d'entre eux dans un conteneur spécifique. Les résidus de cuisine ici, les objets métalliques là, ceux en plastique dans un troisième bac, le papier dans un autre, le verre dans un autre encore, et pour finir, tout ce qui ne relève d'aucune de ces catégories dans un dernier bac.

Nous aurons alors accompli notre devoir d'habitant intelligent de la planète, la communauté prenant ensuite le relais. Un préposé à l'opération baptisée « **collecte différenciée** » passera ramasser le contenu des bacs et l'emportera dans un grand hangar où d'autres employés poursuivront le tri de nos déchets.

Les résidus de cuisine finiront avec ceux du jardin et de l'agriculture dans un endroit où l'ensemble deviendra naturellement du compost, ce terreau très fertile évoqué plus haut et dont le sol a absolument besoin.

Les métaux seront triés : le fer d'un côté, le cuivre d'un autre, l'aluminium d'un autre encore, etc. Chacun sera vendu aux usines qui s'en servent comme matière première.

Pensez au métal des canettes : il s'agit d'aluminium déjà extrait d'une mine et débarrassé de toutes ses impuretés. Une véritable manne pour les fabriques de canettes, mais aussi de vélos, de fenêtres métalliques, qui se l'arracheront à prix d'or.

Même chose pour le verre : le blanc d'une part, et le coloré de l'autre, chacun redevenant bouteille, vitre ou tout autre objet de ce matériau sans avoir besoin d'en refabriquer à partir de matières premières.
Papier et carton donneront de nouvelles feuilles et boîtes, et les plastiques, les terribles plastiques qui polluent tant seront triés par catégorie (le plastique à bouteille étant très différent de celui du sachet ou de la coque du téléviseur) et réutilisés de mille manières.

Tout cela sera générateur d'une foule d'emplois, évitera de piller les maigres ressources de cette pauvre planète désormais exsangue, permettra à la communauté d'économiser beaucoup d'argent, et s'accompagnera surtout d'une pollution réduite et sans commune mesure avec celle liée à tout autre système de traitement des déchets.
Grâce à qui ? À quiconque met vraiment en œuvre les principes énoncés jusqu'ici. Ils sont nombreux dans le monde à agir ainsi, et les exemples ne manquent pas en France non plus. Faisons donc en sorte que ce soit le cas partout.
Par ailleurs, comme nous l'avons dit, produire de l'énergie en brûlant inconsidérément du pétrole et du charbon revient à polluer, et beaucoup. Veillons par conséquent à ne consommer que l'énergie dont nous ne pouvons pas nous passer, la logique voulant que l'énergie non produite n'engendre pas de pollution. Par exemple, éteignons la lumière en quittant une pièce, réglons le chauffage et la climatisation à des niveaux raisonnables, sans exagérer, et servons-nous de nos jambes plutôt que de la voiture non seulement pour ne pas polluer, mais aussi pour entretenir notre santé et être encore plus beaux.
Arrivés au terme de ce parcours, une question se pose :

« Quel sera notre avenir ? »

La réponse est qu'**il dépend de nous**.

Vaut-il mieux un monde propre ou un environnement misérablement noyé sous les déchets ?

A Lucrezia qui va naître dans quelques mois,
et à tous les enfants.

Impression & brochage SEPEC - France
Numéro d'impression : 16103170611 - Dépôt légal : août 2017
IMPRIM'VERT®
PEFC™ 10-31-1470 / Certifié PEFC / Ce produit est issu de forêts gérées durablement et de sources contrôlées. / pefc-france.org